THAILAND

Rezepte gegen das Fernweh

Autorin: Bettina Matthaei
Fotos: Maria Grossmann und Monika Schürle

DIE GU-QUALITÄTS-GARANTIE

Wir möchten Ihnen mit den Informationen und Anregungen in diesem Buch das Leben erleichtern und Sie inspirieren, Neues auszuprobieren. Bei jedem unserer Bücher achten wir auf Aktualität und stellen höchste Ansprüche an Inhalt, Optik und Ausstattung. Alle Rezepte und Informationen werden von unseren Autoren gewissenhaft erstellt und von unseren Redakteuren sorgfältig ausgewählt und mehrfach geprüft. Deshalb bieten wir Ihnen eine 100%ige Qualitätsgarantie.

Darauf können Sie sich verlassen:
Wir legen Wert darauf, dass unsere Kochbücher zuverlässig und inspirierend zugleich sind.
Wir garantieren:
- dreifach getestete Rezepte
- sicheres Gelingen durch Schritt-für-Schritt-Anleitungen und viele nützliche Tipps
- eine authentische Rezept-Fotografie

Wir möchten für Sie immer besser werden:
Sollten wir mit diesem Buch Ihre Erwartungen nicht erfüllen, lassen Sie es uns bitte wissen! Nehmen Sie einfach Kontakt zu unserem Leserservice auf. Sie erhalten von uns kostenlos einen Ratgeber zum gleichen oder ähnlichen Thema. Die Kontaktdaten unseres Leserservice finden Sie am Ende dieses Buches.

GRÄFE UND UNZER VERLAG
Der erste Ratgeberverlag – seit 1722.

KV

INHALT

TIPPS UND EXTRAS

8 SUPPEN & SALATE

22 FLEISCH & GEFLÜGEL

38 FISCH & MEERESFRÜCHTE

48 GEMÜSE & TOFU

Das grüne Blatt heißt fleischloser Genuss: Mit diesem Symbol sind alle vegetarischen Gerichte gekennzeichnet.

SO SCHMECKT'S IN THAILAND

Herrlich frisch, angenehm leicht und aufregend scharf – die Thai-Küche verzaubert uns mit exotischen Farben, köstlichen Düften und geschmacklicher Vielfalt.

THAI-KÜCHE FÜR EINSTEIGER

Das typische Thai-Gericht ist ein würziges Curry. Dabei kommt aber nicht das uns vertraute Currypulver zum Einsatz, sondern die Thai-Küche verwendet zum Würzen verschiedene Pasten – am bekanntesten sind die rote, gelbe und grüne Currypaste. Das Kochen geht damit ganz einfach: Etwas Currypaste in den Wok, Gemüse oder Fleisch und Kokosmilch dazu und schon duftet es nach Urlaub in der Küche! Currypasten gibt bei uns mittlerweile in jedem Supermarkt. Wer Lust auf seine eigene Würzpaste hat, findet in der hinteren Umschlagklappe Rezepte zum Selbstmachen. Und das lohnt sich: Selbst gemacht schmeckt doppelt gut!

PASST IMMER: REIS

Natürlich lebt der Thai nicht vom Curry allein. Vielmehr ist der Reis das Grundnahrungsmittel in Thailand. Sehr beliebt ist der aus dem Nordosten Thailands stammende Jasminreis, ein Langkornreis mit feinem Duft. Auch Basmatireis wird gerne serviert. Im Mittelpunkt eines jeden Thai-Menüs steht eine große Schüssel Reis. Alles andere ist eigentlich Beilage – wenn auch eine möglichst würzige. Und vielfältig soll es sein: Je mehr duftende Currys und geschmorte Eintöpfe, dampfende Suppen und frische Salate auf dem Tisch stehen, umso besser! Eine feste Menüfolge gibt es übrigens nicht: Alle Gerichte kommen auf einmal auf den Tisch und jeder bedient sich ganz nach persönlichem Gusto.

MIT LÖFFEL & GABEL

Gegessen wird in Thailand übrigens mit Löffel und Gabel, Messer gibt es bei Tisch nicht. Das hat historische Gründe, galten Messer seinerzeit doch als Kriegswerkzeug und waren nur in der Küche erlaubt. Aber man braucht sie auch nicht, denn die Zutaten werden vor dem Garen in mundgerechte Stücke geschnitten. Die Gabel dient in Thailand lediglich dazu, das Essen auf den Löffel zu schieben, der dann zum Mund geführt wird. Stäbchen werden nur bei Nudelgerichten benutzt.

ALLESKÖNNER WOK

Kochen, schmoren, frittieren, dämpfen – der Wok ist die Allzweckwaffe der Thai-Küche. Fast alle Gerichte werden darin zubereitet und dann noch dampfend serviert.

Der traditionelle Wok, wie er in den typischen Garküchen verwendet wird, sieht wie eine Halbkugel aus und wird über einer Gasflamme mit einem speziellen Metallring verwendet. Für den europäischen Haushalt ist das eher unpraktisch, deshalb haben die meisten Woks bei uns einen flachen Boden, passend für Elektroherde.
Damit alle Garmethoden gelingen, einen Wok von mindestens 30 cm Ø verwenden. Außerdem sollte ein Wok rasch und gleichmäßig aufheizen und die Hitze lange speichern. Dazu eignen sich am besten Materialien wie Eisen, Gusseisen, Edelstahl oder Kupfer. Wichtig ist ein hoch gewölbter Deckel, den man zum Schmoren, Dämpfen und Warmhalten der Gerichte benötigt. Außerdem gehört ein spezielles Abtropfgitter zur Grundausstattung. Es wird innen an den Rand des Woks gehängt und dient zum Ablegen oder Warmhalten größerer, schon gegarter Zutaten oder auch zum Abtropfen von Frittiertem. Und keine Sorge: Selbstverständlich lassen sich alle Gerichte auch in einer großen Pfanne oder teilweise sogar in einem Topf zubereiten.

RÜHREN UND BRATEN

Eine typische Grundtechnik in der Thai-Küche ist das Rührbraten: Alle Zutaten werden bei starker Hitze unter ständigem Rühren im Wok gegart. So brennt nichts an und dank der kurzen Garzeiten bleibt das Gemüse knackig frisch. Je runder oder gewölbter der Wokboden, desto besser lässt sich darin rührbraten: Zuerst wird die Currypaste in Öl angeröstet, dann kommen die Zutaten dazu, die die längste Garzeit benötigen, und schließlich diejenigen, die nur ganz kurz mitgegart werden müssen. Alles, was bereits angebraten ist, wird einfach an den Rand geschoben … und weiter geht's!

WICHTIGE ZUTATEN VON A BIS Z

Die Basics bekommt man meist schon im Supermarkt. Ausgefallenes oder frische Zutaten dagegen kaufen Sie am besten im Asialaden oder bestellen im Internet.

AUSTERNSAUCE

Die dunkelbraune, süßliche Sauce riecht keineswegs nach Fisch, sondern nach Sojasauce. Sie enthält Austernextrakt, Sojasauce, Zucker, Salz, Knoblauch, Zwiebeln und Verdickungsmittel. Im Handel gibt es vegetarische bzw. vegane Sorten zu kaufen, meist auf Basis von Pilzpulver. Ein veganes Rezept finden Sie in der hinteren Umschlagklappe.

CHILISAUCEN

Die **süße »sweet Chilisauce«** wird hauptsächlich zum Dippen, z. B. für Frühlingsrollen, und traditionell für Huhn verwendet.

Schnittknoblauch

Neben etwa 16 – 24 % Chili besteht sie aus Wasser, Zucker, Salz, Knoblauch, Essig und Stärke. Die schärfere **Sriracha-Sauce** kann weit über 50 % Chili enthalten, daneben Knoblauch, Zucker, Salz und je nach Sorte Konservierungsstoffe und Verdickungsmittel. Leider oft auch noch Geschmacksverstärker.

FISCHSAUCE

Die bräunlich klare und intensiv riechende »Nam Pla« entsteht durch das Fermentieren kleiner Fische wie Anchovis und enthält dazu Wasser, Salz und Zucker. Auch hier gibt es im Handel vegetarische Alternativen und hinten im Buch ein veganes Rezept zum Selbstmachen.

KOKOSPRODUKTE

Das weiße **Kokosöl** wird bereits bei etwa 25° flüssig, lässt sich stark erhitzen und ist somit ideal für Wokgerichte. Es verleiht eine feine Kokosnote, gerade wenn keine Kokosmilch verwendet wird. In jedem Fall natives, kalt gepresstes Kokosöl kaufen.

Schlangenbohnen

Kokosmilch aus **Instant-Kokosmilchpulver** lässt sich für den kleinen Haushalt besser dosieren. Je nach zugegebener Wassermenge erhält man dick- oder dünnflüssige Kokosmilch. **Kokoscreme** nennt man sowohl den »Rahm« in den Dosen oben als auch die 200-g-Blöcke mit einem Kokosanteil von mehr als 80 %. Im Kühlschrank ist sie etwa 6 Monate haltbar. Blöcke sind deal für kleine Mengen, da sie einfach abgeschabt werden. **Kokoswasser** ist eine weißliche, nahezu fettfreie Flüssigkeit aus unreifen grünen Kokosnüssen. Sie ist reich an Vitaminen und Mineralstoffen

Thai-Auberginen

und ideal als Drink und zum kaloriensparenden Mischen mit Kokosmilch.
Raspel aus getrocknetem Kokosfleisch (Kopra) werden vor der Verwendung in einer Pfanne ohne Fett goldgelb geröstet, **Chips** ungeröstet übers fertige Gericht gestreut. Lecker: Mit dem Sparschäler Streifen vom frischen Kokosfleisch abziehen.

ÖLE IN DER THAI-KÜCHE

Traditionell kocht man in Thailand mit Erdnussöl. Da es relativ neutral im Geschmack ist, können Sie auch Raps- oder Sonnenblumenöl verwenden.

PALMZUCKER

Die karamellartig schmeckende braune Substanz wird aus dem zuckerhaltigen Saft verschiedener Palmenarten gewonnen. Es gibt Palmzucker gepresst in Stücken, die sich gut im Mörser zerstampfen lassen. Das Reiben ist eher mühsam, es gibt ihn aber auch gemahlen. Ersatzweise einfach Rohrzucker verwenden.

REISESSIG

Wenn ich von Reisessig spreche, meine ich die helle, milde Sorte mit wenig Säure (5 – 6 %). Daneben gibt es dunkle chinesische Sorten, den braunen süßen Reisessig und den dunkelbraunen »Chinkiang Vinegar«.

SCHLANGENBOHNEN

Die 80 – 90 cm langen Schlangenbohnen sind zart und können roh in Salate gemischt oder kurz im Wok gegart werden. Falls man ersatzweise Brech- oder Keniabohnen nimmt, sollte man sie zuvor unbedingt blanchieren.

SCHNITTKNOBLAUCH

Die flachen Stiele schmecken scharf und deutlich knoblauchartig. Sie werden roh über fertige Gerichte gestreut oder im Wok kurz mitgebraten.

SHIITAKE-PILZE

Die hellbraunen Pilze schmecken intensiv »umami« (d. h. herzhaft-fleischig) und eignen sich gut für vegetarische Gerichte. Man kann sie in Brühe garen oder rührbraten. Besonders zart sind Baby-Shiitake.

TAMARINDE

Man bekommt sie zu Blöcken gepresst. Teile davon werden in Wasser eingeweicht, durchgeknetet und abgeseiht. Bequem sind fertige Pürees bzw. Pasten.

THAI-AUBERGINEN

Bei mir kommen vor allem die golfballgroßen grünlich weißen Auberginen zum Einsatz. Sie sind dünnwandig und schmecken zart. Daneben gibt es erbsengroße grüne Miniauberginen, die leicht bitter schmecken. Sie machen Currys sämig.

THAI-NUDELN

Reisnudeln werden aus Reismehl und Wasser sowie manchmal Tapioka hergestellt und sind nach dem Kochen weißlich.
Glasnudeln bestehen aus Mungbohnenstärke und Wasser und sind nach dem Garen transparent. Weil sie leicht von der Gabel rutschen, schneidet man sie nach dem Einweichen in Stücke.

Gepresste Tamarinde

SUPPEN & SALATE

Ich liebe diese frisch-scharfen Suppen und Salate aus Thailand! Sie passen ideal an heißen Sommertagen, weil sie so leicht sind – und ebenso gut in die kalte Jahreszeit, wenn ihre Schärfe einen so richtig durchheizt.

GARNELEN-ZITRONENGRAS-SUPPE

Wenn ich meine Gäste beeindrucken möchte, bereite ich ein Thai-Menü zu und starte mit dieser absolut köstlichen, leichten und aromatischen »Tom Yam Gung«!

500 g rohe Garnelen (ungeschält)
1,2 l Hühnerbrühe
3 Stängel Zitronengras
4 Kaffir-Limettenblätter
½ Bund Koriandergrün mit Wurzeln
15 g Galgant
150 g feste Champignons
1 mittelgroße Tomate
2 EL Fischsauce
1 EL Tamarindenpaste
1–2 EL Limettensaft
Sriracha-Sauce (nach Belieben)
Salz

Ein Klassiker

Für 4 Personen | 45 Min. Zubereitung
Pro Portion ca. 100 kcal, 16 g EW, 2 g F, 4 g KH

1 Die Garnelen waschen, trocken tupfen, bis auf das Schwanzende schälen und bis zur Verwendung kühl stellen. Die Schalen waschen, mit der Brühe aufkochen und ca. 10 Min. köcheln lassen. Dann die Brühe abseihen und die Schalen wegwerfen.

2 Inzwischen das Zitronengras von den äußeren Blättern befreien und das untere Drittel z. B. mit einem Fleischklopfer flach klopfen. Die Kaffir-Limettenblätter waschen und seitlich mehrfach einschneiden. Das Koriandergrün waschen und trocken tupfen, die Blätter beiseitestellen, die Stiele hacken. Die Wurzeln putzen, waschen und ebenfalls hacken. Den Galgant schälen und in Scheiben schneiden. Die Pilze putzen, bei Bedarf mit einem Tuch abreiben und in Scheiben schneiden. Die Tomate waschen, halbieren und würfeln, dabei den Stielansatz entfernen.

3 Die Garnelenbrühe mit Zitronengras, Kaffir-Limettenblättern, Korianderwurzeln und -stielen sowie Galgant aufkochen und bei mittlerer Hitze ca. 10 Min. köcheln, dann abseihen und die Gewürze entfernen. Wenn die Suppe besonders klar sein soll, ein Sieb mit Küchenpapier auslegen und die Brühe hindurchgießen.

4 Die Brühe nochmals aufkochen und die Garnelen, Pilze und Tomate hineingeben. In der knapp siedenden Brühe in 2–3 Min. gar ziehen lassen, bis sich die Garnelen rosa gefärbt haben. Die Suppe vom Herd nehmen, mit Fischsauce, Tamarinde, Limettensaft, ggf. Sriracha-Sauce und etwas Salz pikant abschmecken und mit den abgezupften Korianderblättern bestreuen.

GLASNUDELSUPPE MIT SCHWEIN

100 g Glasnudeln | 100 g Shiitake-Pilze | 3 Frühlingszwiebeln | 1 Bund Koriandergrün | 1,2 l Fleischbrühe | 200 g Schweineschnitzelfleisch | 3 Knoblauchzehen | Salz | weißer Pfeffer | 2 EL Austernsauce | Sriracha-Sauce

So einfach und gut

Für 4 Personen | 35 Min. Zubereitung
Pro Portion ca. 330 kcal, 28 g EW, 7 g F, 26 g KH

1 Die Glasnudeln in einer Schüssel mit kochend heißem Wasser übergießen und ca. 4 Min. ziehen lassen. Dann abtropfen lassen und mit der Schere klein schneiden. Die Pilze putzen, bei Bedarf mit einem Tuch abreiben und die Hüte in Scheiben schneiden. Die Frühlingszwiebeln putzen und waschen, das Weiße in Scheiben, das Grüne in Röllchen schneiden. Das Koriandergrün waschen, trocken tupfen und Blätter und Stiele fein hacken.

2 Die Brühe aufkochen. Inzwischen das Fleisch grob würfeln. Den Knoblauch schälen, fein hacken und mit etwas Salz und Pfeffer sowie dem Fleisch im Blitzhacker zerkleinern. Die Fleischmasse in die kochende Brühe geben, alles aufkochen und noch ca. 5 Min. köcheln, dabei größere Fleischstücke mit dem Kochlöffel voneinander trennen.

3 Die Pilze und die weißen Frühlingszwiebelstücke dazugeben, noch ca. 5 Min. köcheln. Die Glasnudeln hinzufügen und in der Brühe erwärmen. Die Suppe mit Austernsauce und nach Belieben mit Sriracha-Sauce abschmecken und mit Frühlingszwiebelröllchen und Koriander bestreuen.

TIPP

Zur Abwechslung forme ich aus der Fleischmasse mit angefeuchteten Händen kleine Bällchen und lasse diese in der Brühe gar ziehen.

FISCHSUPPE MIT TAMARINDE

½ Bund Koriandergrün mit Wurzeln | 3 Thai-Schalotten | 40 g Ingwer | 500 g festes Fischfilet (z. B. Red Snapper) | 4 Stiele Schnittknoblauch | 1 TL weißer Pfeffer | 1,2 l Fischfond oder Gemüsebrühe | 2–3 EL Fischsauce | 2 EL Tamarindenpaste | 2 EL Palmzucker | Sriracha-Sauce (nach Belieben) | Salz

Gästefein

Für 4 Personen | 30 Min. Zubereitung
Pro Portion ca. 205 kcal, 30 g EW, 3 g F, 12 g KH

1 Den Koriander waschen und trocken tupfen, die Blätter beiseitestellen, die Stiele hacken. Die Korianderwurzeln putzen, waschen und hacken. Die Schalotten schälen und fein hacken. Den Ingwer schälen, in dünne Scheiben hobeln und diese in dünne Streifen schneiden. Das Fischfilet waschen, mit Küchenpapier vorsichtig trocken tupfen und mit einem scharfen Messer in mundgerechte Stücke schneiden. Den Schnittknoblauch waschen, trocken tupfen und fein hacken.

2 Die Korianderwurzeln, -stiele und Schalotten mit dem Pfeffer im Mörser zu einer Paste zerstampfen. Die Brühe mit der Paste unter Rühren aufkochen. Die Fischstücke und den Ingwer in der knapp siedenden Brühe ca. 5 Min. gar ziehen lassen.

3 Die Suppe vom Herd nehmen, mit Fischsauce, Tamarinde, Zucker, ggf. Sriracha-Sauce und Salz abschmecken. Zum Servieren Schnittknoblauch und Korianderblätter auf die Suppe streuen.

MANGOSALAT SÜSS-SAUER

Wie schmeckt der Frühling in Thailand? Für mich hat er das Aroma dieses frisch-fruchtigen Salats mit grüner Mango. Ich bin sicher: Sie werden ihn lieben!

2 kleine rote Zwiebeln
4 Frühlingszwiebeln
150 g Möhren
1 kleine rote Paprikaschote
3 Stangen Sellerie
1 grüne feste Mango
(Fruchtfleisch ca. 150 g)
250 g frische Ananas
3 Kaffir-Limettenblätter
4 EL Limettensaft
2 ½ EL vegane Fischsauce
2 ½ EL Palmzucker
1 Bund Koriandergrün
4 Stiele Minze
1 große rote Chilischote
30 g geröstete, gesalzene Erdnusskerne

Feuerwerk der Sinne

Für 4 Personen |
40 Min. Zubereitung
Pro Portion ca. 175 kcal,
5 g EW, 5 g F, 26 g KH

1 Die Zwiebeln schälen, längs halbieren und in feine Streifen schneiden. Die Frühlingszwiebeln putzen und waschen, das Weiße schräg in dünne Scheiben, das Grüne längs in feine Streifen schneiden. Die Möhren schälen und in streichholzähnliche Streifen schneiden oder hobeln. Die Paprikaschote nach Belieben schälen, dann vierteln und entkernen. Die Viertel waschen und quer in dünne Streifen schneiden. Den Sellerie putzen, waschen und quer in dünne Scheiben schneiden.

2 Die Mango schälen, das Fruchfleisch erst in dünnen Scheiben vom Stein und diese dann in Streifen schneiden. Die Ananas schälen, in dünnen Scheiben vom Strunk und diese ebenfalls in Streifen schneiden. Die Kaffir-Limettenblätter waschen, an der Mittelrippe falten und diese herausziehen. Dann die Blatthälften über einanderlegen und in haarfeine Streifen schneiden.

3 Den Limettensaft und die Fischsauce so lange mit dem Palmzucker verrühren, bis sich dieser aufgelöst hat. Das klein geschnittene Obst und Gemüse gut mit dem Dressing mischen und bis zur Verwendung durchziehen lassen.

4 Inzwischen das Koriandergrün waschen und trocken tupfen, Blätter und zarte Stiele hacken. Die Minze waschen und trocken tupfen, einige Blätter beiseitestellen, den Rest hacken. Die Chilischote waschen und schräg in dünne Ringe schneiden, die Kerne dabei entfernen. Die Erdnüsse grob hacken. Den Salat mit Koriandergrün und gehackter Minze mischen, mit Chiliringen und Erdnüssen bestreuen und mit ganzen Minzeblättern dekorieren.

TOFU-PILZ-SALAT

400 g Tofu | 2 EL helle Sojasauce | 400 g Champignons | 4 Frühlingszwiebeln | 1–2 rote Chilischoten | 2 EL Limettensaft | 1½ EL vegane Fischsauce | 1 TL Palmzucker | 4 Stiele Minze | 1 Bund Koriandergrün | 2 EL geröstetes Reispulver (Tipp S. 50) | 1 EL frittierter Knoblauch (Tipp)

Für Veggie-Fans

Für 4 Personen | 30 Min. Zubereitung | 1–2 Std. Marinieren
Pro Portion ca. 190 kcal, 15 g EW, 9 g F, 11 g KH

1 Den Tofu zwischen Küchenpapier fest ausdrücken, würfeln und mit der Sojasauce mischen. Die Pilze putzen, die Stiele herausdrehen und entfernen. Die Hüte in einem Sieb oder Dämpfkorb über kochendem Wasser 4–5 Min. dämpfen, abkühlen lassen und in Scheiben schneiden. Frühlingszwiebeln putzen, waschen und weiße und grüne Teile getrennt in Röllchen schneiden. Die Chilischoten längs halbieren, entkernen, waschen und hacken.

2 Limettensaft und Fischsauce solange mit dem Palmzucker verrühren, bis er sich aufgelöst hat. Das Dressing mit Tofu, Pilzen, weißen Frühlingszwiebelstücken und Chili mischen und den Salat 1–2 Std. im Kühlschrank marinieren.

3 Inzwischen die Kräuter waschen, trocken tupfen und hacken. Zum Servieren das Reispulver unter den Salat mischen und grüne Zwiebelstücke, die Kräuter und frittierten Knoblauch darüberstreuen.

TIPP

Für frittierten Knoblauch schäle ich die Zehen von 2 ganzen Knollen, würfele sie fein und frittiere sie in 250 ml Öl goldgelb. Auf Küchenpapier abtropfen lassen. Hält sich etwa 14 Tage.

BOHNENSALAT MIT KNUSPER-TOPPING

500 g grüne Bohnen | Salz | 5 EL Limettensaft | 3 EL Palmzucker | 2 EL vegane Fischsauce | 3 EL Instant-Kokosmilchpulver | 2 TL abgeriebene Bio-Limettenschale | 2 TL grüne Thai-Currypaste | 40 g Kokosraspel | 40 g geröstete, gesalzene Erdnusskerne | 20 g frittierte Thai-Schalotten (Tipp S. 54) | 1 ½ TL Chiliflakes | 1 Handvoll Salatblätter

Limettenfrisch

Für 4 Personen | 35 Min. Zubereitung | 30 Min. Marinieren
Pro Portion ca. 305 kcal, 8 g EW, 21 g F, 19 g KH

1 Die Bohnen putzen, waschen und in Salzwasser in 10 – 12 Min. garen. Abgießen, eiskalt abschrecken und abtropfen lassen. Limettensaft, Palmzucker und Fischsauce leicht erwärmen, das Kokospulver darin auflösen und mit Limettenschale und Currypaste verrühren. Die Bohnen in einer Schüssel mit dem Dressing mischen und ca. 30 Min. marinieren, ab und zu mit einem Löffel umrühren.

2 Inzwischen die Kokosraspel in einer Pfanne ohne Fett unter Rühren goldgelb rösten und wieder herausnehmen. Die Erdnüsse und die frittierten Schalotten im Mörser grob zerstampfen und mit Kokosraspeln, Chiliflakes und etwas Salz mischen.

3 Die Salatblätter waschen, trocken schleudern und auf eine Platte oder Teller legen. Den Bohnensalat darauf verteilen und mit dem Kokos-Erdnuss-Topping bestreut servieren.

HÄHNCHEN-REISNUDEL-SALAT

Mein absoluter Lieblingssalat verbindet weiche, knackige und knusprige Texturen und bietet die aufregendsten Geschmackseindrücke jenseits von süßsauer.

250 g Hähnchenbrustfilet
600 ml Hühnerbrühe (oder Wasser)
100 g dünne Reisnudeln (Vermicelli)
125 g Sojabohnensprossen (oder Mungbohnensprossen)
Salz | 1 mittelgroße Möhre
1 kleine rote Zwiebel
1 Stange Sellerie
2 Frühlingszwiebeln
2 große rote Chilischoten
1 Bund Koriandergrün
2 Kaffir-Limettenblätter
4 EL Limettensaft
2 EL Palmzucker
2 EL Fischsauce
Austernsauce (nach Belieben)
30 g geröstete, gesalzene Erdnusskerne

Sattmacher-Salat

Für 4 Personen | 40 Min. Zubereitung
Pro Portion ca. 280 kcal, 20 g EW, 6 g F, 34 g KH

1 Das Hähnchenfleisch waschen, trocken tupfen und in der knapp siedenden Brühe oder in Salzwasser ca. 15 Min. garen. Inzwischen die Nudeln nach Packungsanweisung garen, abgießen und gründlich abtropfen lassen (Bild 1). Die Sprossen heiß waschen und in kochendem Salzwasser 3 – 5 Min. blanchieren, dann abgießen. Sie sollen weich und noch etwas knackig sein (Bild 2).

2 Die Möhre schälen und in sehr feine Streifen schneiden oder hobeln. Die Zwiebel schälen, längs halbieren und in dünne Streifen schneiden. Den Sellerie putzen, waschen und quer in dünne Scheiben schneiden. Die Frühlingszwiebeln putzen und waschen, quer dritteln und längs in sehr feine Streifen schneiden.

3 Die Chilischoten waschen und in sehr dünne Ringe schneiden, die Kerne dabei entfernen. Das Koriandergrün waschen und trocken tupfen, Blätter und zarte Stiele hacken. Die Kaffir-Limettenblätter waschen, an der Mittelrippe falten und diese herausziehen (Bild 3). Dann die Blatthälften übereinanderlegen und mit einem Messer in haarfeine Streifen schneiden.

4 Nudeln und Sprossen in eine Schüssel geben. Limettensaft mit Palmzucker und Fischsauce mischen und darübergießen. Gemüse, Limettenblattstreifen und die Hälfte der Chiliringe untermischen. Das abgekühlte Fleisch erst quer zur Faser in dünne Scheiben, dann in Streifen schneiden und untermischen. Den Salat nach Belieben mit Austernsauce abschmecken und mit den restlichen Chiliringen, Koriandergrün und Erdnüssen bestreuen.

1

2

3

SPINATSALAT MIT HÄHNCHEN

250 Hähnchenbrustfilet | ca. 600 ml Hühnerbrühe (oder Wasser) | 200 g Kürbisfleisch (z. B. Hokkaido, ersatzweise Möhren) | Salz | 100 g Babyspinat | 1 große rote Chilischote | 40 g geröstete, gesalzene Erdnusskerne | 100 ml Kokosmilch (aus der Dose) | 1 Portion Saté-Sauce (Tipp S. 28) | Cayennepfeffer

Raffinierte Kombi

Für 4 Personen | 40 Min. Zubereitung
Pro Portion ca. 360 kcal, 25 g EW, 24 g F, 10 g KH

1 Das Hähnchenfleisch waschen, trocken tupfen und in der siedenden Brühe oder in Salzwasser ca. 15 Min. garen. Inzwischen das Kürbisfleisch putzen, waschen und mit dem Sparschäler in dünnen Streifen abziehen. Die Streifen in Salzwasser ca. 1 Min. blanchieren, dann eiskalt abschrecken und abtropfen lassen. Den Spinat putzen, waschen und trocken schleudern, die Stiele entfernen. Die Chilischote waschen und in Ringe schneiden, die Kerne dabei entfernen. Die Erdnüsse grob hacken.

2 Spinat und Kürbisstreifen auf eine Platte oder Teller verteilen. Das Fleisch in dünne Scheiben schneiden und daraufsetzen. Nun die Kokosmilch erhitzen, die Saté-Sauce darin verrühren und mit Salz und Cayennepfeffer abschmecken. Die Sauce über den Salat träufeln und diesen mit Chiliringen und Erdnüssen bestreut servieren.

TIPP

Wenn ich mal keine Zeit für eine selbst gemachte Saté-Sauce habe, erwärme ich einfach 200 ml Kokosmilch und verrühre sie dann mit 200 g fertiger Saté-Sauce aus dem Asialaden. Der Salat schmeckt übrigens auch lecker mit indonesischer Gado-Gado-Mischung!

TINTENFISCHSALAT

500 g kleine Tintenfische (küchenfertig) | Salz | 4 Thai-Schalotten | 2 Frühlingszwiebeln | 100 g Kirschtomaten | 4 Stiele Minze | 2 große rote Chilischoten | 2 Knoblauchzehen | 4 EL Limettensaft | 2 EL Fischsauce | 2 TL Palmzucker

Verwöhnt Gäste

Für 4 Personen | 40 Min. Zubereitung
Pro Portion ca. 140 kcal, 22 g EW, 2 g F, 9 g KH

1 Die Tintenfische unter kaltem Wasser gründlich waschen. Die Tentakeln von den Tuben trennen und alle Häute und festen Teile entfernen. Die Tuben längs halbieren und mit einem scharfen Messer kreuzweise einritzen. Ausreichend Salzwasser in einem Topf aufkochen, die Tintenfische hineinlegen und darin ca. 2 Min. garen. Anschließend in ein Sieb abgießen, die Tintenfische abkühlen lassen und bis zur Verwendung beiseitestellen.

2 Die Schalotten schälen und in Scheiben schneiden. Die Frühlingszwiebeln putzen, waschen und schräg in Ringe schneiden. Die Tomaten waschen und halbieren. Die Minze waschen, trocken tupfen und die Blätter abzupfen. Die Chilischoten längs halbieren, entkernen, waschen und hacken. Den Knoblauch schälen und fein hacken.

3 Limettensaft mit Fischsauce, Palmzucker und etwas Salz verrühren und Knoblauch und Chili dazugeben. Tintenfische, Schalotten, Frühlingszwiebeln und Tomaten mit dem Dressing mischen und den Salat mit Minze bestreuen.

TIPP

Im Frühsommer kaufe ich gerne jungen, violett-weißen Knoblauch, der besonders zart ist und nicht so dominant schmeckt und deshalb großzügiger verwendet werden kann.

FLEISCH & GEFLÜGEL

Von der Hand in den Mund – typisch thailändisch sind die kleinen Garküchen, wo es für wenig Geld bestes Essen gibt. Zu meinen absoluten Favoriten zählen diese knusprigen Saté-Spieße mit pikanter Erdnuss-Sauce.

RIND MIT BOHNEN UND BASILIKUM

Auch wenn es frittiert ist, das Basilikum ist für mich der Clou: Die Blätter werden wunderbar knusprig und machen aus dem einfachen Wokgericht etwas ganz Besonderes.

½–1 Bund Thai-Basilikum
2–3 kleine rote Chilischoten
5 Knoblauchzehen
100 g Thai-Schalotten
50 g Ingwer
200 g Schlangenbohnen (ersatzweise Kenia- oder Brechbohnen)
500 g Hüftfilet oder -steak vom Rind
4 EL Öl
½–1 TL Fischsauce
3 EL Austernsauce
2 TL Palmzucker
Salz

Köstlich fernöstlich

Für 4 Personen | 50–55 Min. Zubereitung
Pro Portion ca. 395 kcal, 26 g EW, 26 g F, 15 g KH

1 Das Basilikum waschen und trocken tupfen, die Blätter abzupfen und einige zum Garnieren beiseitestellen. Die Chili waschen, die kernlose Spitze in dünne Ringe schneiden und ebenfalls zum Garnieren beiseitestellen. Die restliche Chilischote längs halbieren, entkernen und grob hacken. Den Knoblauch und die Schalotten schälen und ebenfalls grob hacken.

2 Den Ingwer schälen, erst in dünne Scheiben und dann in feine Streifen schneiden. Die Bohnen waschen, putzen und in 4–5 cm lange Stücke schneiden (alternative Bohnen zusätzlich in Salzwasser blanchieren: Keniabohnen 2–3 Min., die Brechbohnen 5–6 Min.). Das Fleisch erst längs in 3–4 cm breite Streifen und dann quer zur Faser in 3 mm dünne Scheiben schneiden.

3 Das Öl im Wok stark erhitzen und die Basilikumblätter darin in 1–2 Min. knusprig rührbraten. Mit der Schaumkelle herausheben und auf Küchenpapier abtropfen lassen. Dann die gehackte Chili mit Knoblauch und Schalotten im verbliebenen Öl ca. 2 Min. rührbraten. Das Fleisch und den Ingwer hinzufügen und alles unter Rühren ca. 3 Min. weiterbraten. Schließlich die Bohnen dazugeben und weitere 6–7 Min. rührbraten, bis sie gar sind.

4 Alles mit Fischsauce, Austernsauce, Palmzucker und Salz abschmecken. Das Rindfleisch-Bohnen-Gericht mit frittiertem Thai-Basilikum anrichten und mit den Chiliringen und frischem Basilikum bestreuen. Dazu passen Reisnudeln.

TIPP Das Hüftfilet vom Rind ist deutlich preiswerter als Rinderfiletsteak, aber genauso zart. Aus meiner Sicht ist es daher perfekt für das Rührbraten im Wok geeignet!

WÜRZIGES SCHWEINEFILET

3 Stängel Zitronengras | 30 g Galgant | 6 Knoblauchzehen | 100 g Thai-Schalotten | 1 EL Palmzucker | 4 EL Limettensaft | 2 EL Fischsauce | 500 g Schweinefilet | 6 – 8 Stiele Schnittknoblauch | 1 – 2 große rote Chilischoten | 1 Bund Minze | 2 EL Öl | Salz | 3 EL geröstetes Reispulver (Tipp S. 50)

Ideal für Gäste

Für 4 Personen | 50 Min. Zubereitung
Pro Portion ca. 245 kcal, 29 g EW, 9 g F, 13 g KH

1 Für die Würzmischung das Zitronengras von den äußeren Blättern befreien und nur das untere weiche Drittel hacken. Galgant, Knoblauch und Schalotten schälen und hacken. Nun alles in einer Pfanne ohne Fett unter Rühren ca. 7 Min. goldgelb rösten, anschließend kurz abkühlen lassen und im Blitzhacker zerkleinern. Den Palmzucker mit dem Limettensaft und der Fischsauce so lange zu einem Dressing verrühren, bis er sich ganz aufgelöst hat.

2 Das Schweinefilet ca. 1 ½ cm groß würfeln. Den Schnittknoblauch waschen, trocken tupfen und hacken. Die Chilischoten waschen und in Ringe schneiden, die Kerne dabei entfernen. Die Minze waschen, trocken tupfen und die Blätter abzupfen.

3 Das Öl im Wok erhitzen und das Fleisch darin ca. 2 Min. rührbraten. Die Würzmischung dazugeben und alles ca. 7 Min. rührbraten. Salzen, das Reispulver hinzufügen und das Fleisch 2 – 3 Min. weiterbraten, bis es gar ist. Zuletzt das Dressing unterheben und das Fleisch mit Schnittknoblauch und Chili mischen. Die Minze darüberstreuen und alles lauwarm mit Reisnudeln servieren.

LAMM MIT GRÜNEM PFEFFER

500 g Lammlachse | 3 EL helle Sojasauce | 3 rote Paprikaschoten | 2–3 frische grüne Pfefferrispen (oder 2–3 EL eingelegter grüner Pfeffer; Tipp) | 4 Stiele Thai-Basilikum | 3 EL Öl | 1–2 EL rote Thai-Currypaste | 3 EL Tomatenmark | 2 TL Zucker | Salz

Würzige Schärfe

Für 4 Personen | 35 Min. Zubereitung
Pro Portion ca. 270 kcal, 27 g EW, 14 g F, 8 g KH

1 Die Lammfilets in ca. 2 cm große Würfel schneiden, gründlich mit der Sojasauce mischen und bis zur Verwendung darin marinieren.

2 Die Paprikaschoten schälen, halbieren und entkernen. Die Hälften waschen und in 2x2 cm große Stücke schneiden. Die Pfefferrispen waschen und die Körner ablösen (eingelegten Pfeffer waschen und gut abtropfen lassen). Das Thai-Basilikum waschen, trocken tupfen und die Blätter abzupfen.

3 Das Öl im Wok erhitzen und die Currypaste und das Tomatenmark darin unter Rühren 1–2 Min. anrösten, bis es duftet. Die Paprika dazugeben und ca. 1 Min. rührbraten. Das Fleisch samt Marinade und die Pfefferkörner hinzufügen und alles bei starker Hitze ca. 4 Min. rührbraten. Ca. 150 ml Wasser zugießen, alles durchschwenken und mit Zucker und Salz abschmecken. Mit Thai-Basilikum garnieren und mit Basmatireis servieren.

TIPP

Frische Pfefferrispen bekommt man gelegentlich auf Wochenmärkten oder im Asialaden. Im Gemüsefach des Kühlschranks sind sie nur wenige Tage haltbar. Ein Ersatz sind in Salzlake (statt in Essig) eingelegte frische Pfefferkörner.

SATÉ-SPIESSE MIT ERDNUSS-SAUCE

Oft sieht man bei den Saté- oder Satay-Grillspießen das Fleisch wellenförmig aufgespießt. Ich finde es viel praktischer und schneller, mit Würfeln zu arbeiten.

4 Thai-Schalotten
3 Knoblauchzehen
20 g Ingwer
2 Stängel Zitronengras
1 TL Salz
1 EL Tamarindenpaste
1 EL Zucker
½ TL gemahlene Kurkuma
1 EL süße Sojasauce
400 g Schweinefilet
1 Portion Saté-Sauce (Tipp)
20 g geröstete, gesalzene Erdnusskerne
1 EL frittierter Knoblauch (Tipp S. 16)
Öl zum Braten
8 Holzstäbchen

Streetfood

Für 4 Personen | 45 Min. Zubereitung | 2 Std. Marinieren
Pro Portion ca. 365 kcal, 31 g EW, 21 g F, 13 g KH

1 Schalotten, Knoblauch und Ingwer schälen und hacken. Das Zitronengras von den äußeren Blättern befreien und nur das untere weiche Drittel hacken. Die zerkleinerten Zutaten mit Salz, Tamarinde, Zucker, Kurkuma, Sojasauce und 3 – 4 EL Wasser am besten im Blitzhacker fein pürieren.

2 Das Fleisch in ca. 2 cm große Würfel schneiden. Je 3 – 4 Würfel mit ½ – 1 cm Abstand auf ein Holzstäbchen spießen. Mit der Marinade mischen und im Kühlschrank zugedeckt mind. 2 Std. durchziehen lassen, die Spießchen dabei öfters wenden.

3 Die Saté-Sauce erwärmen. Die Spieße aus der Marinade nehmen, trocken tupfen und im heißen Öl von jeder Seite 3 – 4 Min. braten, bis das Fleisch gar ist. Die Spieße mit der Sauce anrichten, mit den Erdnüssen und dem frittiertem Knoblauch bestreuen. Servieren Sie dazu nach Belieben Basmatireis.

TIPP

Saté-Sauce aus Erdnüssen gibt es als Paste fertig im Asialaden, ich mache sie aber gerne selbst. Für 1 Portion (für ca. 4 Personen) 100 g geröstete, gesalzene Erdnusskerne im Blitzhacker grob zerkleinern. 2 große frische rote Chili (40 g) halbieren, entkernen, waschen und grob hacken, wenig davon beiseitestellen. 3 Knoblauchzehen, 15 g Galgant und 25 g Ingwer schälen und hacken. Alles mit je 1 – 1 ½ EL Reisessig und süßer Sojasauce sowie 75–100 ml Kokosmilch am besten im Blitzhacker fein pürieren. Die Saté-Sauce nach Belieben salzen und zum Servieren mit Chili bestreuen.

ROTES THAI-CURRY MIT HÄHNCHEN

150 g kleine feste Champignons | 1 Bund Frühlingszwiebeln | 250 g golfballgroße Thai-Auberginen | 250 g schmale feste Zucchini | ½ rote Paprikaschote | 1 große rote Chilischote | 1 Bund Koriandergrün | 500 g Hähnchenbrustfilet | 1 Dose Kokosmilch (400 ml, ungeschüttelt) | 1 – 2 EL rote Thai-Currypaste | Salz | ½ – 1 TL Fischsauce | 1 TL Palmzucker

Mit Aroma-Kick

Für 4 Personen | 50 Min. Zubereitung
Pro Portion ca. 395 kcal, 34 g EW, 22 g F, 10 g KH

1 Pilze putzen und halbieren oder vierteln. Frühlingszwiebeln putzen und waschen, das Weiße in Stücke, das Grüne in Röllchen schneiden. Auberginen und Zucchini putzen und waschen, Auberginen in Spalten schneiden, Zucchini 1 cm groß würfeln. Paprikahälfte dünn schälen, entkernen, waschen und in Streifen schneiden. Chili waschen und in Ringe schneiden, dabei entkernen. Koriandergrün waschen, trocken tupfen und grob hacken. Chili und Koriandergrün beiseitestellen. Fleisch waschen, trocken tupfen und 2 cm groß würfeln.

2 Von der Kokosmilch 4 EL dicke Creme abnehmen und im Wok aufkochen. Die Paste dazugeben und ca. 3 Min. anbraten, bis es duftet und Öl an der Oberfläche austritt. Noch 3 EL Kokoscreme unterrühren und das Fleisch darin ca. 2 Min. anbraten.

3 Übrige Kokoscreme, Kokosmilch und ½ TL Salz dazugeben und ca. 3 Min. köcheln. Gemüse und weiße Frühlingszwiebeln hinzufügen und unter Rühren 4 – 5 Min. köcheln, bis das Fleisch zart und das Gemüse bissfest ist. Mit Fischsauce und Zucker würzen, mit grünen Frühlingszwiebeln, Koriander und Chili servieren. Dazu passt Duftreis.

RINDFLEISCHCURRY MIT PAPRIKA

2 rote Paprikaschoten | 300 g gelbe und rote Kirschtomaten | 400 g Hüftfilet oder -steak vom Rind | 2 EL geröstete, gesalzene Erdnusskerne | 1 Bund Koriandergrün | 2 EL Öl | 1–2 EL rote Thai-Currypaste | Salz | 1 Dose Kokosmilch (400 ml, geschüttelt) | 2–3 TL Palmzucker | ½–1 TL Fischsauce

Gelingt leicht

Für 4 Personen | 45 Min. Zubereitung
Pro Portion ca. 525 kcal, 25 g EW, 39 g F, 15 g KH

1 Die Paprikaschoten mit dem Sparschäler schälen, vierteln und von den Kernen befreien. Die Paprikaviertel waschen und quer in ca. ½ cm breite Streifen schneiden. Die Kirschtomaten waschen und halbieren. Das Rindfleisch zuerst längs in 3–4 cm breite Streifen, dann quer zur Faser in etwa 3 mm dünne Scheiben schneiden. Die Erdnüsse grob hacken. Das Koriandergrün waschen und trocken tupfen, die Blätter und die feinen Stiele hacken, grobe Stiele dabei entfernen.

2 Das Öl im Wok erhitzen und die Currypaste darin unter Rühren 1–2 Min. anrösten. Fleisch dazugeben und 3–4 Min. rührbraten (Vorsicht, das kann spritzen!). Alles salzen und mit der Kokosmilch ablöschen. Aufkochen, Paprika dazugeben und unter Rühren ca. 4 Min. köcheln.

3 Dann die Tomaten hinzufügen und ca. 2 Min. mitköcheln. Das Curry mit Palmzucker, Salz und Fischsauce würzen und mit den Erdnüssen und Koriandergrün bestreut servieren. Wer mag, serviert Basmatireis zum Rindfleischcurry.

GRÜNES HÄHNCHEN-GEMÜSE-CURRY

Es lebe die Abwechslung: Hier variiere ich das Gemüse nach Lust, Laune und Jahreszeit – mit Bohnen, Zucchini, Auberginen oder Paprika.

4 Frühlingszwiebeln
200 g grüner Spargel
200 g kleine Champignons
125 g Zuckerschoten
125 g Brokkoli
500 g Hähnchenbrustfilet
1 Bund Koriandergrün
1 EL Öl
1–2 EL grüne Thai-Currypaste
1 Dose Kokosmilch (400 ml, geschüttelt)
Salz
1 TL Fischsauce
1 TL Palmzucker
50 g geröstete, gesalzene Cashewkerne

Ganz schön scharf!

Für 4 Personen | 1 Std. Zubereitung
Pro Portion ca. 485 kcal, 36 g EW, 27 g F, 12 g KH

1 Die Frühlingszwiebeln putzen und waschen, das Weiße in breite Ringe, das Grüne in Röllchen schneiden. Spargelstangen waschen, im unteren Drittel schälen und die holzigen Enden entfernen. Dann den Spargel schräg in 3 cm lange Stücke schneiden, die dickeren Endstücke ggf. längs halbieren. Die zarten oberen Teile und die Spargelspitzen beiseitestellen.

2 Die Pilze putzen, bei Bedarf mit einem Tuch abreiben und in ca. 3 mm dicke Scheiben schneiden. Die Zuckerschoten putzen, waschen und schräg halbieren. Den Brokkoli in kleine Röschen teilen und waschen. Das Fleisch waschen und trocken tupfen, erst in 1 cm dicke Scheiben und dann in 1 × 4 cm lange Streifen schneiden. Das Koriandergrün waschen, trocken tupfen und hacken.

3 Öl und Currypaste im Wok erhitzen und unter Rühren 1–2 Min. anrösten, bis es duftet. Mit der Hälfte der Kokosmilch ablöschen, alles aufkochen und 1–2 Min. köcheln. Fleisch und ½ TL Salz dazugeben und unter Rühren bei mittlerer Hitze ca. 5 Min. köcheln.

4 Die restliche Kokosmilch zugießen und nochmals aufkochen. Die weißen Frühlingszwiebelstücke und die dickeren Spargelendstücke hinzufügen und darin ca. 2 Min. köcheln. Pilze und Brokkoli dazugeben und weitere 2–3 Min. köcheln, dabei häufig wenden. Zum Schluss Zuckerschoten und zarte Spargelstücke und -spitzen untermischen und alles noch 2–3 Min. köcheln, bis das Gemüse gar, aber noch knackig und das Fleisch gar und zart ist.

5 Das Curry mit Fischsauce, Palmzucker und Salz abschmecken und mit grünen Frühlingszwiebelstücken, Koriandergrün und Cashewkernen bestreuen. Nach Belieben mit Duftreis servieren.

MASSAMAN-CURRY MIT SCHWEIN

Aromatische Gewürze sind typisch für das »muselmanische« Curry aus dem Süden Thailands. Für mich der Beweis, dass es Fusionküche schon seit Jahrhunderten gibt!

1 Bund Frühlingszwiebeln
400 g vorwiegend festkochende Kartoffeln
400 g Schweinefilet
2 Stängel Zitronengras
5 grüne Kardamomkapseln
1½ EL Öl
2–3 EL Massaman-Currypaste (Asialaden)
1 Dose Kokosmilch (400 ml, geschüttelt)
100 g rohe Erdnusskerne (ersatzweise geröstete, gesalzene)
2 Lorbeerblätter
2 Ceylon-Zimtstangen
ca. 250 ml Fleischbrühe (oder Wasser)
½ Bund Koriandergrün
4 Kaffir-Limettenblätter
2–3 TL Tamarindenpaste
1–2 TL Fischsauce
2 TL Palmzucker
Salz

Thai trifft Orient

Für 4 Personen | 55 Min. Zubereitung
Pro Portion ca. 605 kcal, 37 g EW, 38 g F, 23 g KH

1 Die Frühlingszwiebeln putzen und waschen, das Weiße in 1 cm dicke Stücke und das Grüne in Röllchen schneiden. Die Kartoffeln schälen und 1½ cm groß würfeln. Das Fleisch quer zur Faser erst in 1 cm dicke Scheiben, diese in 1 x 3 cm lange Streifen schneiden. Das Zitronengras von den äußeren Blättern befreien, das untere Drittel z. B. mit einem Fleischklopfer flach klopfen. Die Kardamomkapseln im Mörser etwas andrücken, sodass sie brüchig werden, aber noch nicht auseinanderfallen.

2 Das Öl im Wok erhitzen und das Fleisch darin bei starker Hitze ca. 2 Min. unter Rühren anbraten. Die Hitze auf mittlere Stufe herunterschalten und weiße Frühlingszwiebelstücke und die Currypaste unter Rühren 1–2 Min. anrösten. Alles mit der Kokosmilch ablöschen und aufkochen, dann die Kartoffeln, ganze Erdnüsse, Lorbeer, Zitronengras, Kardamom und Zimt dazugeben. Alles aufkochen und bei mittlerer Hitze unter Rühren ca. 20 Min. garen, bis die Kartoffeln und das Fleisch gar sind. Falls die Flüssigkeit zu sehr verkocht, etwas Brühe oder Wasser zugießen.

3 Inzwischen das Koriandergrün waschen und trocken tupfen, die Blätter und die zarten Stiele grob hacken. Die Kaffir-Limettenblätter waschen, dann an der Mittelrippe falten und diese herausziehen. Anschließend die Blatthälften übereinanderlegen und mit einem scharfen Messer in haarfeine Streifen schneiden.

4 Das Curry mit Tamarindenpaste, Fischsauce, Palmzucker und ggf. etwas Salz abschmecken, mit den grünen Frühlingszwiebelröllchen, Koriandergrün und Limettenblattstreifen bestreuen und mit einer großen Schüssel Basmatireis servieren.

VARIANTE MASSAMAN-CURRY MIT HÄHNCHEN

Genauso gut schmeckt das Massaman-Curry übrigens mit Hähnchenbrustfilet. Allerdings schneide ich das Fleisch dann in etwas größere Würfel, damit es gleichzeitig mit den anderen Zutaten fertig ist. Hähnchen gart schneller als Schwein.

TAPIOKA-KLÖSSCHEN MIT ENTE

Zugegeben, auch mir sind die Klößchen nicht sofort gelungen. Es dauert, bis man den Dreh raushat. Aber dafür landet man direkt im 7. Klößchen-Himmel ... !

1 kleines Entenbrustfilet (ca. 200 g)
3 Knoblauchzehen
25 g Ingwer
3 Frühlingszwiebeln
35 g Wasserkastanien (aus der Dose, ersatzweise Stangensellerie)
75 g rohe Erdnusskerne (oder Erdnusspulver)
½ TL weißer Pfeffer
Salz
25 g Palmzucker
2 EL Fischsauce
300 g kleine Tapioka-Perlen
frittierter Knoblauch (Tipp S. 16)
Austernsauce und süße Chilisauce zum Dippen
Öl für die Platte

Das lohnt sich!

Für 4 Personen | 1 Std. 20 Min. Zubereitung
Pro Portion ca. 520 kcal, 16 g EW, 16 g F, 78 g KH

1 Entenbrust waschen und trocken tupfen. Das Fett abziehen, klein würfeln und im Wok ohne Fett bei mittlerer Hitze ca. 10 Min. auslassen, bis die Grieben knusprig sind (Bild 1), herausnehmen. Das Fleisch sehr klein hacken. Knoblauch und Ingwer schälen und fein hacken. Frühlingszwiebeln putzen und waschen, das Weiße hacken, das Grüne in Röllchen schneiden. Wasserkastanien abgießen und klein würfeln. Nüsse im Blitzhacker fein mahlen.

2 Knoblauch, Ingwer und weiße Frühlingszwiebelstücke im verbliebenen Entenfett ca. 2 Min. rührbraten. Fleisch hinzufügen, 3–4 Min. rührbraten, pfeffern und salzen. Kastanien unterrühren, Zucker, Fischsauce und gemahlene Nüsse dazugeben und alles ca. 2 Min. rührbraten. Vom Herd nehmen, abkühlen lassen.

3 Tapioka mit 250 ml heißem Wasser verrühren (Bild 2) und zu einer homogenen Masse verkneten. Mit einem Teelöffel jeweils etwas Tapioka-Masse abnehmen, mit angefeuchteten Händen zu einer Kugel formen und flach drücken. Dann ½ TL Füllung in die Mitte setzen und leicht zusammendrücken. Die Ränder um die Füllung schließen, so dass etwa 3 cm große Klößchen entstehen (Bild 3). Falls die Hülle aufreißt, mit etwas Tapioka-Masse verkleben. Auf diese Weise etwa 40 Klößchen herstellen.

4 Ausreichend Salzwasser zum Kochen bringen. Die Klößchen portionsweise hineingeben und im leise köchelnden Wasser in 5–7 Min. gar ziehen lassen. Sobald die Hülle glasig ist, mit der Schaumkelle herausheben, abtropfen lassen und die Klößchen auf einer geölten Platte warm halten. Mit Entengrieben, grünen Frühlingszwiebelröllchen und frittiertem Knoblauch bestreuen und mit Austernsauce und süßer Chilisauce servieren.

1

2

3

FISCH & MEERESFRÜCHTE

Für Fischliebhaber ist die Thai-Küche ein Paradies: Fisch und Meeresfrüchte kommen frisch aus dem Wasser in den Wok und direkt auf den Tisch. Bei mir am liebsten in einem gelben Thai-Curry mit feiner Kokosmilch.

FISCHKÜCHLEIN MIT GURKEN

Von wegen »Fischfrikadellen mit Gurkensalat« – hier kommen sie auf meine feine asiatische Art daher: klein, frisch, mit Biss und schöner Schärfe.

1 große rote Chilischote
3 Thai-Schalotten
½ Salatgurke
2 EL Zucker
Salz
2 EL Reisessig
2 TL Fischsauce
400 g weißes Fischfilet (z. B. Rotbarsch oder Pangasius)
1 Bund Frühlingszwiebeln
30 g Galgant (ersatzweise eingelegter Galgant oder Ingwer)
4 Kaffir-Limettenblätter
75 – 100 g Semmelbrösel
2 – 4 EL Kokosmilch
2 – 3 EL Öl

Ein Party-Hit

Für 4 Personen | 40 Min. Zubereitung
Pro Portion ca. 325 kcal, 23 g EW, 14 g F, 28 g KH

1 Für das Gurken-Relish die Chilischote längs halbieren, entkernen, waschen und hacken. Die Schalotten schälen und in dünne Streifen schneiden. Die Gurke schälen, längs vierteln und die Kerne herauskratzen. Die Gurkenviertel in dünne Scheiben schneiden oder klein würfeln und mit Chili und Schalotten mischen. Den Zucker solange mit ¼ TL Salz, Essig und Fischsauce verrühren, bis er sich aufgelöst hat. Das Relish gut mischen und zugedeckt im Kühlschrank bis zur Verwendung marinieren.

2 Das Fischfilet waschen, trocken tupfen und in Stücke schneiden. Die Frühlingszwiebeln putzen, waschen und hacken, einige grüne Frühlingszwiebelstücke als Deko beiseitestellen. Den Galgant schälen und reiben. Die Kaffir-Limettenblätter waschen, an der Mittelrippe falten und diese herausziehen. Die Blatthälften übereinanderlegen und in haarfeine Streifen schneiden.

3 Fisch, Frühlingszwiebeln, Galgant und Limettenblattstreifen mit ½ TL Salz, 75 g Semmelbröseln und 2 EL Kokosmilch mischen und im Blitzhacker ganz kurz zerkleinern. Die Masse sollte homogen, aber noch etwas stückig sein. Je nach Konsistenz noch etwas mehr Semmelbrösel oder Kokosmilch hinzufügen.

4 Dann aus der Fischmasse mit angefeuchteten Händen Küchlein formen. Im heißen Öl bei mittlerer Hitze auf jeder Seite in 2 – 3 Min. goldbraun braten, dann auf Küchenpapier abtropfen lassen. Die Fischküchlein mit dem Gurken-Relish servieren.

TIPP **Für mich darf Thai-Food gerne scharf schmecken! Wer es milder mag, dosiert bei allen Rezepten die Chilischoten und -produkte vorsichtig. Nachschärfen kann man immer!**

GARNELEN SÜSS-SAUER

2 EL Austernsauce | 2 EL Fischsauce | 3 EL süße Chilisauce | 2 EL Ketchup | 3 EL Reisessig | 2 EL Palmzucker | 100 ml Gemüsebrühe | 2 Zwiebeln | 3 Knoblauchzehen | 200 g Ananas | 1 rote Paprikaschote | 150 g Wasserkastanien (aus der Dose, ersatzweise Stangensellerie) | ½ Bund Koriandergrün | 400 g rohe Garnelen (küchenfertig) | 3 EL Öl

Farbenfroher Genuss

Für 4 Personen | 45 Min. Zubereitung
Pro Portion ca. 280 kcal, 21 g EW, 9 g F, 25 g KH

1 Zuerst für die süßsaure Sauce die Austernsauce, die Fischsauce, die Chilisauce, das Ketchup und den Reisessig in einer Schüssel mit dem Palmzucker so lange verrühren, bis sich der Zucker vollständig aufgelöst hat. Nun die Brühe untermischen und die Sauce beiseitestellen.

2 Zwiebeln und Knoblauch schälen und hacken. Ananas schälen, in 1 cm dicken Scheiben vom Strunk schneiden und würfeln. Paprika nach Belieben schälen. Dann vierteln, entkernen, waschen und quer in Streifen schneiden. Wasserkastanien abgießen und in Scheiben schneiden. Koriander waschen, trocken tupfen und hacken. Die Garnelen waschen und trocken tupfen.

3 Im Wok 2 EL Öl erhitzen und die Zwiebeln und den Knoblauch darin 3–4 Min. rührbraten. Ananas, Paprika und Wasserkastanien hinzufügen und weitere ca. 3 Min. rührbraten. Das Gemüse an den Rand schieben, übriges Öl erhitzen und Garnelen dazugeben. 2–3 Min. rührbraten, bis sie sich rosa färben, dann mit dem Gemüse mischen. Süßsaure Sauce zugießen, kurz erhitzen und untermischen. Mit Koriander garnieren und sofort servieren. Nach Belieben Reisnudeln dazureichen.

FISCHCURRY MIT TOMATEN

40 g Ingwer | 2 – 3 Knoblauchzehen | 2 große rote Chilischoten | 1 Bund Koriandergrün mit Wurzeln | 4 Kaffir-Limettenblätter | 200 g rohe Garnelen (küchenfertig) | 500 g gemischte Fischfilets | 2 EL Öl | 1 Dose stückige Tomaten (400 g) | 1 Dose Kokosmilch (400 ml, geschüttelt) | 1 EL Limettensaft | 1 EL Fischsauce | Salz | schwarzer Pfeffer

Mit sanfter Schärfe

Für 4 Personen | 50 Min. Zubereitung
Pro Portion ca. 455 kcal, 37 g EW, 30 g F, 7 g KH

1 Den Ingwer und den Knoblauch schälen und fein hacken. Die Chilischoten halbieren, entkernen, waschen und hacken. Das Koriandergrün waschen und trocken tupfen, die Stiele und Blätter getrennt hacken. Die Wurzeln putzen, waschen und hacken. Die Kaffir-Limettenblätter waschen und seitlich mehrfach einschneiden. Garnelen und Fischfilets waschen und trocken tupfen, dann den Fisch in mundgerechte Stücke schneiden.

2 Das Öl im Wok erhitzen und Ingwer, Knoblauch, Chili, Korianderwurzeln und -stiele darin 2 – 3 Min. anbraten. Mit den Tomatenstücken ablöschen und Kokosmilch und Limettenblätter dazugeben. Alles aufkochen und bei schwacher Hitze 5 – 10 Min. einkochen lassen. Die Sauce noch mit Limettensaft und Fischsauce abschmecken.

3 Den Fisch salzen und pfeffern, mit den Garnelen in die siedende Sauce einlegen und darin in 5 – 6 Min. gar ziehen lassen. Die Limettenblätter zum Servieren entfernen und das Curry mit den gehackten Korianderblättern bestreuen. Dazu passt Duftreis.

GEDÄMPFTE WAN-TAN

Das Herstellen dieser Wan Tans hat für mich fast etwas Meditatives – man benötigt ein ruhiges Händchen und ein wenig Zeit, aber der Aufwand lohnt sich!

ca. 40 TK-Wan-Tan-Blätter (10 × 10 cm, Asialaden)
30 g Galgant
30 g Ingwer
2 Knoblauchzehen
3 Stängel Zitronengras
1 Bund Frühlingszwiebeln
4 Kaffir-Limettenblätter
1 EL Öl
200 g rohe Garnelen (küchenfertig)
200 g Schweinehackfleisch
Salz
schwarzer Pfeffer
1 EL Austernsauce
1 EL Fischsauce
1 EL geröstetes Sesamöl
2 TL Zucker
1 Eiweiß
2 EL Speisestärke
süße Chilisauce zum Dippen
Bambus-Dämpfaufsatz mit passendem Topf

China lässt grüßen

Für 4 Personen |
1 Std. 15 Min. Zubereitung
Pro Portion ca. 400 kcal, 25 g EW, 16 g F, 38 g KH

1 Die Wan-Tan-Blätter unter einem feuchten Küchentuch auftauen lassen. Inzwischen Galgant, Ingwer und Knoblauch schälen und fein hacken. Das Zitronengras von den äußeren Blättern befreien (für später beiseitestellen!) und nur das untere weiche Drittel hacken. Die Frühlingszwiebeln putzen und waschen, das Weiße hacken, das Grüne in Röllchen schneiden und beiseitestellen. Die Kaffir-Limettenblätter waschen, 2 Blätter beiseitestellen, 2 Blätter an der Mittelrippe falten und diese herausziehen. Die Blatthälften übereinanderlegen und in winzige Stücke schneiden.

2 Weiße Frühlingszwiebelstücke im heißen Öl anschwitzen und Galgant, Ingwer, Knoblauch und Zitronengras 3–4 Min mitbraten, dann abkühlen lassen. Inzwischen die Garnelen waschen, trocken tupfen und nicht zu fein hacken. Das Hackfleisch kräftig salzen und pfeffern, mit Zwiebelmischung, Garnelen, Austern- und Fischsauce, Sesamöl, Zucker und Limettenblattstückchen mischen. Das Eiweiß verquirlen und dazugeben, dann die Stärke untermischen.

3 Wan-Tan-Blätter nebeneinander auf die Arbeitsfläche legen. In die Mitte je 1 TL Füllung setzen und die Ränder mit Wasser anfeuchten. Nacheinander je zwei gegenüberliegende Spitzen aneinanderlegen und in der Mitte so zusammendrücken, dass kleine Täschchen entstehen. Mit einem feuchten Küchentuch abdecken.

4 Zum Dämpfen im Topf ausreichend Wasser mit den übrigen ganzen Limettenblättern und den Resten des Zitronengrases zum Kochen bringen. Den Dämpfaufsatz mit passend rund zugeschnittenem Backpapier auslegen und die Wan-Tans darin verteilen. Den Aufsatz auf den Topf setzen (er sollte das Wasser nicht berühren) und die Wan-Tans zugedeckt ca. 10 Min. dämpfen. Mit den grünen Frühlingszwiebelstücken bestreuen und mit Chilisauce servieren.

FISCH MIT GELBEM THAI-CURRY

je 1 gelbe und orangefarbene Paprikaschote | 1 Bund Frühlingszwiebeln | 150 g Bambussprossen (aus der Dose) | 125 g Wasserkastanien (aus der Dose) | 40 g Ingwer | 1 Bio-Limette | 3 EL Öl | 2 – 3 EL gelbe Thai-Currypaste | 1 Dose Kokosmilch (400 ml, geschüttelt) | 1 – 2 TL Fischsauce | je 200 g Seelachs- und Lachsfilet | 100 g rohe Garnelen (küchenfertig) | Salz | weißer Pfeffer

Macht was her

Für 4 Personen | 50 Min. Zubereitung
Pro Portion ca. 505 kcal, 30 g EW, 35 g F, 16 g KH

1 Paprika schälen, vierteln, entkernen, waschen und in Streifen schneiden. Frühlingszwiebeln putzen und waschen, Weißes hacken, Hellgrünes in 1 cm dicke Ringe, Grünes in Röllchen schneiden. Bambus und Wasserkastanien abgießen und in Streifen bzw. Scheiben schneiden. Ingwer schälen und in feine Streifen schneiden. Die Limette heiß waschen, abtrocknen und in Spalten schneiden.

2 Weiße Zwiebelstücke in 1 EL Öl anschwitzen, Paprika dazugeben und ca. 1 Min. darin rührbraten. Currypaste hinzufügen und ca. 1 Min. rührbraten. Kokosmilch zugießen, aufkochen und Ingwer und hellgrüne Zwiebelstücke dazugeben. 1 – 2 Min. köcheln, dann Bambus und Wasserkastanien in der Sauce erwärmen. Anschließend das Curry mit Fischsauce abschmecken und warm halten.

3 Fisch und Garnelen waschen und trocken tupfen. Fisch klein schneiden und in 2 EL Öl je nach Dicke 5 – 8 Min. braten. Garnelen ca. 4 Min. mitbraten, salzen und pfeffern. Fisch und Garnelen mit dem Curry anrichten und mit grünen Frühlingszwiebeln und Limetten garnieren. Dazu passt Reis.

GRÜNES GARNELENCURRY

2 große grüne Chilischoten | 25 g Ingwer | 1–2 Bund Koriandergrün mit Wurzeln | 4 Thai-Schalotten | 2 Knoblauchzehen | 1 EL Öl | 2–3 TL grüne Thai-Currypaste | 1 Dose Kokosmilch (400 ml, geschüttelt) | 1–2 TL Limettensaft | 2 TL Fischsauce | 1 TL Zucker | Salz | schwarzer Pfeffer | 500 g rohe Garnelen (küchenfertig)

Mit raffinierter Zitrusnote

Für 4 Personen | 45 Min. Zubereitung
Pro Portion ca. 370 kcal, 28 g EW, 24 g F, 8 g KH

1 Die Chilischoten längs halbieren, entkernen, waschen und hacken. Den Ingwer schälen und fein würfeln. Das Koriandergrün waschen und trocken tupfen, die Blätter abzupfen. Die Wurzeln putzen, waschen und mit den Stielen fein hacken. Schalotten und Knoblauch schälen und fein hacken.

2 Dann das Öl im Wok erhitzen und Chili, Ingwer, Korianderwurzeln und -stiele, Schalotten und den Knoblauch darin unter Rühren anbraten. Die Currypaste unterrühren, alles mit Kokosmilch ablöschen und ca. 10 Min. köcheln. Mit Limettensaft, Fischsauce, Zucker, Salz und Pfeffer abschmecken.

3 Die Garnelen waschen und trocken tupfen. Im Curry in 4–5 Min. gar ziehen lassen, dann alles mit Korianderblättern und Duftreis servieren.

TIPP

Aus meinem Garnelencurry wird ganz schnell ein Fisch- oder Hähnchencurry, wenn ich die Garnelen durch die gleiche Menge in Stücke geschnittenes Fischfilet oder gewürfeltes Hähnchenbrustfilet ersetze.

GEMÜSE & TOFU

Knackig frisches Gemüse, vielseitiger Tofu und exotische Gewürze – auch vegetarisch kommen Thai-Fans voll auf ihre Kosten! Mir haben es diese frischen Frühlingsrollen besonders angetan ...

WÜRZTOFU MIT ZWIEBELN

Mein Rezept für alle Tofumuffel: In Sojasauce mariniert und mit knusprigem Reismehl paniert schmeckt er unvorstellbar würzig und gut!

600 g Tofu
3 EL helle Sojasauce
1–2 TL Chiliflakes
600 g rote Zwiebeln
4 EL Öl
2 TL geröstetes Sesamöl
1–2 EL Palmzucker
2 ½ EL Tamarindenpaste
3 EL süße Sojasauce
2 Frühlingszwiebeln (nur das Grüne)
1 Bund Koriandergrün
1 große rote Chilischote
5 EL geröstetes Reispulver (Tipp)

Tofu in Bestform

Für 4 Personen | 50 Min. Zubereitung
Pro Portion ca. 425 kcal, 21 g EW, 24 g F, 31 g KH

1 Den Tofu quer halbieren, die Hälften zwischen Küchenpapier fest ausdrücken, nochmals halbieren oder in Streifen schneiden. Die helle Sojasauce mit Chiliflakes mischen und den Tofu darin zugedeckt bis zur Verwendung kühl marinieren, ab und zu wenden.

2 Die Zwiebeln schälen, längs halbieren und in dünne Scheiben schneiden. In 1 ½ EL Rapsöl und dem Sesamöl bei mittlerer Hitze unter Rühren in ca. 12 Min. weich dünsten. Den Palmzucker hinzufügen und in den Zwiebeln schmelzen lassen. Die Tamarinde und die süße Sojasauce dazugeben und noch 5–10 Min. köcheln.

3 Inzwischen Frühlingszwiebeln putzen und waschen, quer halbieren und längs in dünne Streifen schneiden. Koriander waschen und trocken tupfen, die Blätter abzupfen. Chilischote waschen, schräg in dünne Ringe schneiden und die Kerne dabei entfernen.

4 Den Tofu aus der Marinade nehmen und trocken tupfen. Im Reispulver wenden und im übrigen Öl bei starker Hitze von jeder Seite 2–3 Min. braten. Mit den Zwiebeln anrichten und mit Frühlingszwiebelstreifen, Koriander und Chili bestreuen. Dazu passen Reisnudeln. Übrigens: Die Tamarindenzwiebeln schmecken auch gut zu hart oder wachsweich gekochten Eiern.

TIPP **Geröstetes Reispulver gibt vielen Thai-Gerichten einen angenehmen Biss. Erhältlich ist es im Asialaden, ich mache es auch gerne selbst: Einfach 100 g Basmati- oder Jasminreiskörner in einer beschichteten Pfanne ohne Fett unter Rühren goldbraun rösten. Zum Abkühlen auf einen Teller schütten und anschließend im Blitzhacker oder mit einer Handmühle mahlen. Fest verschlossen ist es mehrere Monate haltbar.**

FRISCHE FRÜHLINGSROLLEN

60 g Glasnudeln | 150 g Tofu | 2 EL helle Sojasauce | 150 g Möhren | 1 Bund Schnittknoblauch | 10 große Salatblätter | 100 g Mungbohnensprossen | 1 Bund Koriandergrün | 1 reife, aber feste Avocado | Saft und Zesten von 1 Bio-Limette | 2 EL Öl | 20 runde Reispapierblätter (16 – 20 cm Ø) | süße Chilisauce

Leichtes Fingerfood

Für 20 Stück | 1 Std. Zubereitung
Pro Stück ca. 65 kcal, 2 g EW, 2 g F, 10 g KH

1 Glasnudeln in einer Schüssel mit kochend heißem Wasser übergießen und ca. 4 Min. ziehen lassen. Abtropfen lassen und klein schneiden. Tofu zwischen Küchenpapier fest ausdrücken, in ½ cm dicke Streifen schneiden und mit der Sojasauce mischen. Möhren schälen und in feine Streifen schneiden oder hobeln. Den Schnittknoblauch waschen, trocken tupfen und in 4 cm lange Stücke schneiden. Salat waschen und trocken schleudern. Sprossen heiß waschen und abtropfen lassen. Den Koriander waschen und trocken tupfen. Avocado schälen, halbieren, entkernen und in feine Streifen schneiden, sofort mit Limettensaft beträufeln. Die Möhren und die Sprossen im Öl im Wok 2 – 3 Min. rührbraten. Abkühlen und mit allen Zutaten außer Salat, Reispapier und Chilisauce mischen.

2 Die Reispapiere einzeln 1 – 2 Min. in einem tiefen Teller in Wasser einweichen, auf Küchenpapier legen und je 1 gehäuften EL Füllung daraufgeben. Das Papier von unten über die Füllung klappen, die Seiten einschlagen und das Reispapier vollständig aufrollen. Mit der Naht nach unten auf eine Platte legen und mit Frischhaltefolie abdecken. Die Salatblätter zum Servieren halbieren, jede Rolle in ein Salatblatt wickeln und Chilisauce dazureichen.

FRITTIERTE FRÜHLINGSROLLEN

60 g Glasnudeln | 2 Knoblauchzehen | 2 Frühlingszwiebeln | 100 g Möhren | 100 g Weißkohl | 100 g Mungbohnensprossen | 20 TK-Frühlingsrollen-Teigblätter (12 x 12 cm) | 2 EL Öl | je 1 EL helle und süße Sojasauce | 2 TL Limettensaft | 1 TL Zucker | 1 Eiweiß | Öl zum Frittieren | süße Chilisauce zum Dippen

Knusprig umhüllt

Für 20 Stück | 1 Std. Zubereitung
Pro Stück ca. 60 kcal, 1 g EW, 3 g F, 7 g KH

1 Die Glasnudeln in einer Schüssel mit kochend heißem Wasser übergießen und ca. 4 Min. ziehen lassen. Dann abtropfen lassen und klein schneiden. Knoblauch schälen und hacken. Frühlingszwiebeln putzen und waschen, Weißes hacken, Grünes längs in feine Streifen schneiden. Möhren schälen und in feine Streifen schneiden. Den Kohl putzen, waschen und in feine Streifen schneiden. Sprossen heiß waschen und abtropfen lassen.

2 Teigblätter auftauen lassen. Knoblauch und weiße Frühlingszwiebelstücke im Öl andünsten, Möhre und Kohl dazugeben und 1–2 Min. rührbraten. Sprossen ca. 2 Min. mitbraten, mit beiden Sojasaucen, Limettensaft und Zucker würzen. Glasnudeln untermischen. Füllung abkühlen lassen.

3 Das Eiweiß verquirlen. Je 1 EL Füllung in die Mitte des Teigblatts setzen, dieses von vorne einschlagen und um eine Drehung aufrollen. Die Seiten einschlagen und das Teigblatt vollständig aufrollen. Die obere Teigspitze mit Eiweiß einstreichen und fest andrücken. Das Öl auf 170° erhitzen und die Frühlingsrollen darin portionsweise jeweils 4–5 Min. frittieren. Abtropfen lassen und mit den grünen Zwiebelstreifen und Chilisauce servieren.

NUDELN MIT TOFU UND PAK CHOI

Wer noch einmal sagt, dass Vegetarisches langweilig schmeckt, den werde ich mit diesem Gericht vom Gegenteil überzeugen. Erfolg garantiert!

500 g Tofu
4 EL helle Sojasauce
1 EL grüne Thai-Currypaste
4 Knoblauchzehen
50 g Ingwer
600 g Baby-Pak-Choi (ersatzweise Mangold)
200 g breite Reisnudeln
1 ½ EL süße Sojasauce
2 EL Öl
1 TL geröstetes Sesamöl
2 EL geröstete, gesalzene Erdnusskerne
1 EL frittierte Thai-Schalotten (Tipp)

Streetfood-Klassiker

Für 4 Personen | 45 Min. Zubereitung
Pro Portion ca. 500 kcal, 22 g EW, 23 g F, 54 g KH

1 Den Tofu quer halbieren, die Hälften zwischen Küchenpapier fest ausdrücken und in Würfel schneiden. 3 EL helle Sojasauce gründlich mit der Currypaste verrühren und mit den Tofuwürfeln mischen (Bild 1). Diese bis zur Verwendung im Kühlschrank marinieren. Inzwischen Knoblauch und Ingwer schälen, Knoblauch grob hacken, Ingwer erst in dünne Scheiben und dann in Stifte schneiden. Vom Pak Choi die unteren Enden wegschneiden. Die Blätter gründlich waschen und trocken tupfen, das Weiße und das Grüne getrennt quer in ca. 2 cm breite Streifen schneiden (Bild 2).

2 Inzwischen die Nudeln nach Packungsanweisung garen, abgießen und gründlich abtropfen lassen. Dann die Nudeln mit der süßen Sojasauce mischen und beiseitestellen.

3 Den Knoblauch im Öl ca. 1 Min. rührbraten. Ingwer dazugeben und noch ca. 1 Min. rührbraten, dann die weißen Pak-Choi-Streifen ca. 2 Min. mit rührbraten. Gemüse an den Rand schieben und den Tofu im Wok unter Rühren ca. 1 Min. scharf anbraten (Bild 3). Dann das Grüne vom Pak Choi dazugeben und 1 – 2 Min. rührbraten, bis es weich wird. Zuletzt die Nudeln unterheben und erwärmen. Zum Servieren alles mit übriger heller Sojasauce abschmecken und das Sesamöl darüberträufeln. Die Erdnüsse grob hacken und mit den frittierten Thai-Schalotten darüberstreuen.

TIPP **Frittierte Thai-Schalotten kaufe ich meistens nicht, sondern mache sie selbst: Einfach 200 g Thai-Schalotten schälen, in feine Streifen oder Ringe schneiden und in 250 ml Öl frittieren (das Öl lässt sich gut wiederverwenden). Die frittierten Thai-Schalotten sind ca. 14 Tage haltbar. Sie können ersatzweise auch Röstzwiebeln darüberstreuen.**

1

2

3

AUBERGINEN MIT PILZEN

1 Aubergine (ca. 400 g) | Salz | 100 g Shiitake-Pilze | 250 g braune Champignons | 100 g Blattspinat | 1 große rote Chilischote | 3 EL Kokosöl | 2 – 3 EL Knoblauch-Ingwer-Paste (Tipp) | 250 ml Gemüsebrühe | je 1½ EL helle und süße Sojasauce | 30 g geröstete, gesalzene Cashewkerne

Herrlich aromatisch

Für 4 Personen | 40 Min. Zubereitung
Pro Portion ca. 175 kcal, 6 g EW, 8 g F, 11 g KH

1 Die Aubergine putzen, waschen und 1 cm groß würfeln. Kräftig salzen und stehen lassen. Pilze putzen, bei Bedarf mit einem Tuch abreiben und in 1 cm dicke Scheiben schneiden. Spinat putzen, waschen und die Stiele entfernen. Chili halbieren, entkernen, waschen und hacken. Auberginenwürfel waschen und mit Küchenpapier trocken tupfen.

2 Champignons im Wok ohne Fett ca. 2 Min. rührbraten, Shiitake ca. 1 Min. mitbraten. 1 EL Öl dazugeben und die Pilze noch ca. 1 Min. rührbraten, an den Rand schieben. Noch 1 EL Öl erhitzen, Auberginenwürfel hinzufügen, ca. 5 Min. rührbraten und an den Rand schieben. Übriges Öl erhitzen, die Paste darin anrösten. Mit Brühe ablöschen, aufkochen und mit den Sojasaucen würzen. Den Spinat dazugeben und zusammenfallen lassen. Gemüse mit Nüssen und Chili bestreuen. Dazu passt Duftreis.

TIPP

Für 200 ml Knoblauch-Ingwer-Paste 10 Knoblauchzehen, 100 g Ingwer und 50 g Galgant schälen und hacken. 2 grüne Chilis (40 g) entkernen, waschen und hacken. 3 Stängel Zitronengras von den äußeren Blättern befreien, unteres Drittel hacken. Alles mit 30 g Palmzucker, 1 TL Salz und 1 – 2 EL Wasser pürieren.

NUDELN MIT TOFU-CURRY-SAUCE

300 g Tofu | 1 Dose stückige Tomaten (400 g) | 30 g Ingwer | 3 Knoblauchzehen | ½ Bund Frühlingszwiebeln | 1 EL Öl | 2 EL Tomatenmark | 1–2 EL rote Thai-Currypaste | 1 Dose Kokosmilch (400 ml, geschüttelt) | 400 g breite Reisnudeln | 4 EL helle Sojasauce | 2 TL geröstetes Sesamöl | 1 TL Zucker | 2 EL vegane Fischsauce

Pasta für Thai-Fans

Für 4 Personen | 40 Min. Zubereitung
Pro Portion ca. 750 kcal, 21 g EW, 29 g F, 99 g KH

1 Den Tofu zwischen Küchenpapier fest ausdrücken, dann grob zerteilen und mit den Tomatenstücken mit dem Stabmixer fein pürieren. Den Ingwer und den Knoblauch schälen und fein hacken. Die Frühlingszwiebeln putzen und waschen, dann das Weiße hacken und das Grüne zum Garnieren in Röllchen schneiden und beiseitestellen.

2 Ingwer, Knoblauch und weiße Frühlingszwiebelstücke im heißen Öl 1–2 Min. anbraten. Tomatenmark und Currypaste dazugeben, unter Rühren ca. 2 Min. anrösten. Mit Kokosmilch ablöschen und ca. 3 Min. köcheln lassen. Tofu-Tomaten-Mischung hinzufügen und ca. 7 Min. einkochen lassen.

3 Inzwischen die Nudeln nach Packungsanweisung garen, dann abgießen, gut abtropfen lassen und mit 2 EL Sojasauce und dem Sesamöl mischen. Die Tofu-Curry-Sauce mit der restlichen Sojasauce, Zucker und Fischsauce abschmecken, über die Nudeln geben und alles mit den grünen Frühlingszwiebelstücken bestreut servieren.

TIPP

Vegetarier und Veganer aufgepasst: Manche fertigen Thai-Currypasten aus dem Supermarkt oder Asialaden enthalten auch Garnelenpaste.

GRÜNES GEMÜSECURRY

250 g grüner Spargel | 100 g Zuckerschoten | 250 g Brokkoli | 100 g Babymais | 1 Bund Koriandergrün | 2 EL Öl | 1–2 EL grüne Thai-Currypaste | 200 ml Gemüsebrühe | 1 Dose Kokosmilch (400 ml, geschüttelt) | 1–1½ EL helle Sojasauce | 1–1½ EL vegane Austernsauce (oder süße Sojasauce) | 2–3 TL vegane Fischsauce | 1–2 TL Limettensaft | 30 g geröstete, gesalzene Cashewkerne

Schön scharf

Für 4 Personen | 40 Min. Zubereitung
Pro Portion ca. 365 kcal, 9 g EW, 15 g F, 15 g KH

1 Alle Gemüsesorten gründlich waschen. Die Spargelstangen im unteren Drittel schälen, die harten Enden entfernen und die Stangen in 3 cm große Stücke schneiden. Dabei Spitzen, Enden und Mittelstücke jeweils getrennt beiseitelegen.

2 Die Zuckerschoten putzen und halbieren. Den Brokkoli in Röschen teilen, den Mais quer in 2 cm dicke Scheiben schneiden. Das Koriandergrün waschen, trocken tupfen und fein hacken.

3 Das Öl im Wok erhitzen und die dicken Spargelendstücke darin ca. 2 Min. rührbraten. Die Currypaste dazugeben, unter Rühren anrösten und mit der Brühe und 200 ml Kokosmilch ablöschen. Alles aufkochen, die mittelgroßen Spargelstücke, den Brokkoli und den Mais hinzufügen und alles unter Rühren 5–6 Min. köcheln. Anschließend die Spargelspitzen und die Zuckerschoten zum Gemüse geben und noch 3–4 Min. mitkochen lassen.

4 Restliche Kokosmilch zugießen und kurz erhitzen. Das Gemüsecurry mit Austernsauce, Fischsauce und etwas Limettensaft abschmecken und mit Cashewkernen und Koriandergrün bestreut servieren. Zum Gemüsecurry passt Duftreis.

TIPP

Alle vegetarischen Pasten und Saucen sind in der Thai-Küche gleichzeitig vegan, denn sie enthalten weder Milchprodukte noch Eier oder Honig. Bei den veganen Fischsaucen habe ich zwei Alternativen ausprobiert (siehe hintere Umschlagklappe) – je nachdem, ob man Kombu- oder Nori-Algen im Asialaden erhält.

AUBERGINEN MIT KARTOFFELN

600 g Kartoffeln | 1 EL Panang-Currypaste (Asialaden) | 1 EL Öl | 400 ml Gemüsebrühe | 400 g golfballgroße Thai-Auberginen | 200 g Zuckerschoten | 1 Bund Koriandergrün | 1 Dose Kokosmilch (400 ml, geschüttelt) | 1–2 TL vegane Fischsauce | 1 EL vegane Austernsauce (oder süße Sojasauce)

Gelingt leicht

Für 4 Personen | 45 Min. Zubereitung
Pro Portion ca. 350 kcal, 9 g EW, 22 g F, 27 g KH

1 Kartoffeln schälen und 2 cm groß würfeln. Paste im Öl 1–2 Min. anrösten und mit Brühe ablöschen. Alles aufkochen, Kartoffeln dazugeben und zugedeckt ca. 12 Min. köcheln, dabei öfter umrühren. Die Auberginen putzen, waschen und in Spalten schneiden. Zuckerschoten waschen und halbieren. Koriander waschen, trocken tupfen und hacken.

2 Kokosmilch und Auberginen dazugeben und ca. 4 Min. zugedeckt garen. Zuckerschoten untermischen und ca. 2 Min. garen. Mit den Würzsaucen abschmecken und mit Koriander bestreuen.

KÜRBIS-ANANAS-GEMÜSE

500 g Hokkaido-Kürbisfleisch | 500 g Ananas | 2 Bund Frühlingszwiebeln (nur das Weiße) | 4 Knoblauchzehen | 50 g Ingwer | 1 große rote Chilischote | 2 EL Öl | 150 ml Kokoswasser | 1–2 EL rote Thai-Currypaste | je 1½ EL helle und süße Sojasauce

Kunterbunter Genuss

Für 4 Personen | 50 Min. Zubereitung
Pro Portion ca. 210 kcal, 6 g EW, 6 g F, 32 g KH

1 Kürbis putzen, waschen und 2 cm groß würfeln. Ananas schälen und 1½ cm groß würfeln. Frühlingszwiebeln putzen, waschen und in 2 cm dicke Stücke schneiden. Knoblauch und Ingwer schälen und hacken. Chili entkernen, waschen und würfeln.

2 Knoblauch im Öl ca. 1 Min. rösten, Ingwer dazugeben und ca. 1 Min. rührbraten. Kürbis hinzufügen und ca. 10 Min. rührbraten. Ananas und Frühlingszwiebeln ca. 3 Min. rührbraten. Kokoswasser mit Currypaste verrührt zugießen und aufkochen. Alles garen, bis der Kürbis weich mit Biss ist. Mit Sojasaucen abschmecken und mit Chili bestreuen.

REGISTER

Damit Sie Rezepte mit bestimmten Zutaten noch schneller finden, sind in diesem Register auch beliebte Zutaten wie **Garnelen** oder **Hähnchen** alphabetisch eingeordnet und hervorgehoben. Darunter finden Sie das Rezept Ihrer Wahl. Vegetarische Rezepte, die im Buch mit einem 🍃 gekennzeichnet sind, sind hier grün abgesetzt.

Projektleitung: Melanie Haizmann
Lektorat: Kathrin Gritschneder
Korrektorat: Mischa Gallé
Innen- und Umschlaggestaltung: independent Medien-Design, Horst Moser, München
Illustrationen: Julia Hollweck
Herstellung: Sigrid Frank
Satz: Kösel, Krugzell
Reproduktion: Repro Ludwig, Zell am See
Druck und Bindung: Firmengruppe APPL, aprinta druck, Wemding
Syndication: www.jalag-syndication.de

2. Auflage 2014
ISBN 978-3-8338-3772-2
www.facebook.com/gu.verlag

GRÄFE UND UNZER
Ein Unternehmen der GANSKE VERLAGSGRUPPE

Die Autorin

Bettina Matthaei, Kochbuchautorin und Fachjournalistin (Mitglied im Food Editors Club), hat eine besondere Leidenschaft für Gewürze. Ihre große Begeisterung für Aromen teilte sie bereits im Küchenratgeber »Currys« sowie in »Wok. Das Beste aus Asiens Küchen« mit ihren Lesern. Diesmal ließ sie sich von der faszinierenden Gewürzküche Thailands inspirieren.

Das Fototeam

Monika Schürle und **Maria Grossmann** arbeiten schon seit Langem erfolgreich in den Bereichen Food, Stilllife und Interior für Magazine, Verlage und Agenturen. Mit der Foodstylistin Petra Speckmann haben sie nun einen kulinarischen Ausflug nach Thailand unternommen.

Bildnachweis

Titelfoto: Anke Schütz; Autorenfoto: privat; alle anderen Fotos: Maria Grossmann und Monika Schürle

Titelrezept

Rind mit Bohnen (S. 24)

Umwelthinweis:
Dieses Buch ist auf PEFC-zertifiziertem Papier aus nachhaltiger Waldwirtschaft gedruckt.

QUALITÄTS G|U GARANTIE

Liebe Leserin, lieber Leser,

haben wir Ihre Erwartungen erfüllt? Sind Sie mit diesem Buch zufrieden? Haben Sie weitere Fragen zu diesem Thema? Wir freuen uns auf Ihre Rückmeldung, auf Lob, Kritik und Anregungen, damit wir für Sie immer besser werden können.

GRÄFE UND UNZER Verlag
Leserservice
Postfach 86 03 13
81630 München
E-Mail:
leserservice@graefe-und-unzer.de

Telefon: 00800 / 72 37 33 33*
Telefax: 00800 / 50 12 05 44*
Mo–Do: 8.00–18.00 Uhr
Fr: 8.00–16.00 Uhr
(gebührenfrei in D, A, CH)*

Ihr GRÄFE UND UNZER Verlag
Der erste Ratgeberverlag – seit 1722.

Backofenhinweis:
Die Backzeiten können je nach Herd variieren. Die Temperaturangaben in unseren Rezepten beziehen sich auf das Backen im Elektroherd mit Ober- und Unterhitze und können bei Gasherden oder Backen mit Umluft abweichen. Details entnehmen Sie bitte Ihrer Gebrauchsanweisung.

KOKOSSUPPE MIT HÄHNCHEN

In Thailand lässt man Zitronengras, Galgant und Kaffir-Limettenblätter in der »Tom Kha Gai« ziehen, damit sie noch weiter ihr Aroma abgeben können, isst sie aber nicht mit.

4 Stängel Zitronengras | 30 g Galgant | 4 Kaffir-Limettenblätter | 2–3 Knoblauchzehen | 800 ml Hühnerbrühe | 1 Dose Kokosmilch (400 ml, geschüttelt) | Salz | weißer Pfeffer | 250 g Hähnchenbrustfilet | je 100 g Champignons und Shiitakepilze | 1 rote Chilischote | 1 EL Fischsauce | 2 EL Limettensaft

Klassiker

Für 4 Personen | 50 Min. Zubereitung
Pro Portion ca. 305 kcal, 19 g EW, 21 g F, 7 g KH

1 Zitronengras von den äußeren Blättern befreien, das untere Drittel flach klopfen. Galgant schälen und hacken. Kaffir-Limettenblätter waschen und zerrupfen. Knoblauch schälen und hacken. Hühnerbrühe mit 200 ml Kokosmilch, Zitronengras, Galgant, Limettenblättern, Knoblauch, Salz und Pfeffer aufkochen und ca. 15 Min. köcheln lassen.

2 Fleisch waschen, trocken tupfen und quer zur Faser in ½ cm dicke Scheiben schneiden. Die Pilze putzen und Stiele entfernen, Hüte in ½ cm dicke Scheiben schneiden. Die Chili waschen und in Ringe schneiden, dabei die Kerne entfernen.

3 Brühe abseihen, aufkochen und das Fleisch in der knapp siedenden Brühe gar ziehen lassen. Nach ca. 7 Min. die Pilze dazugeben und ca. 5 Min. sanft köcheln. Die übrige Kokosmilch zugießen, mit Fischsauce und Limettensaft würzen. Mit Chili und nach Belieben Koriander bestreut servieren.

So viel mehr lecker.

ISBN 978-3-8338-3774-6

ISBN 978-3-8338-3773-9

ISBN 978-3-8338-3431-8

ISBN 978-3-8338-3436-3

ISBN 978-3-8338-3435-6

Laden im App Store

ANDROID APP BEI Google play

e Alle hier vorgestellten Bücher sind auch als eBook erhältlich.

Mehr von GU auf **www.gu.de** und
facebook.com/gu.verlag

G|U

Willkommen im Leben.